Bibliographische Information der Deutschen Nationalbibliothek:

Die Deutsche Nationalbibliothek verzeichnet diese Publikation in der Deutschen Nationalbibliographie; detaillierte bibliographische Daten sind im Internet über http://dnb.dnb.de abrufbar.

$$S^M{}_R$$

© 2018 Sonja Maria Rathjen

Herstellung und Verlag: BoD — Books on Demand, Norderstedt

Satz: Sonja Maria Rathjen

Umschlaggestaltung: Sonja Maria Rathjen

ISBN 9-783-748-10767-5

SONJA MARIA RATHJEN

LIEBE — BIS ZUM ABSCHMINKEN

Gedichte mit Einakter

S^{M}R

In den Zügen wird
Auch um den Kußmund jede
Weiche verzeichnet.

Über dieses Buch

Den Leuten, die so Sachen sagen
Wie Liebe gehe durch den Magen,

Fehlt's offenbar bei ihrer Paarung
An wesentlicherer Erfahrung

Als Hungertrieb und Appetit.
Drum kriegen sie so wenig mit,

Der Kopf kommt eher ungeschoren
Davon. Bis über beide Ohren

Verliebtsein aber oftmals heißt doch,
Daß zwischen ihnen, wo zumeist noch

Ein Kopf mit angewachs'ner Stirn
Sich findet und darin ein Hirn,

Sich vieles abspielt, wenn nicht alles,
Und so viel, daß mit großem Knall es

Zum Kurzschluß kommt in den Synapsen.
Zum Glück gibt's dafür ja die Klapsen!

Über die Verfasserin

Auskünfte über ihr Leben —
Öffentlich auch noch! — zu geben,

Wird sie nicht tun. In der Tat, es
Wär' zu publik für Privates.

Vorwort

Zum Thema

Der Abhandlungen gibt es bei weitem genug,
Zum Thema ist alles schon mehrfach geschrieben.
Zu leicht aber wäre es, wenn auch mit Fug
Und Recht draus gefolgert, es von sich zu schieben.

Es könnte doch sein, daß ein kleines Detail,
Vielleicht insgesamt eine feine Nuance
Sich doch unterscheidet: die These ist steil,
Doch gibt sie dem ganzen aufs neu eine Chance.

Zur These

Sind Nuancen allzu fein,
Stellt man sich damit ein Bein.

Im Gedächtnis hängen bleibt,
Was man auf die Spitze treibt.

Überspitzt was vorzuführ'n,
Könnte an der Ehre rühr'n ...

Wenn es um die Ehre geht,
Muß man zeigen, wo man steht:

Dadurch, daß man liebevoll
Spottet ohne jeden Groll,

Keinen willentlich verletzt
Oder auch ins Unrecht setzt.

Zur Sache

Oftmals fühlt man sich geheißen,
Statt sich worein zu verbeißen,
Sich vor Lachen wegzuschmeißen,

Um sich von dem Bitterbösen
Und bedrohlichen Monströsen
Durch Gelächter loszulösen.

Lachen ist — statt Pillenschlucken —
Gegen aggressives Jucken
Die Arznei, um aufzumucken.

Manche Leute moralinen
Wesens meinen, per Gardinen-
Predigt der Moral zu dienen:

„Über positive Sachen
Darf man sich nicht lustig machen.
Liebe ist doch nicht zum Lachen!"

Zum Erzeugen

Zum Erz_eugen von Entwürfen
Gilt es, erst mal tief zu schürfen —

Möglichst ohne Schmerz im Sterz
Oder sonst wo, bis zur Erz-

Eisenader, die von Stein-
Klumpen will gewonnen sein.

Zur Durchführung

Dieses heiße Eisen:
Faß es ja nicht an?!
Umgeformt zu Gleisen,
Kann es irgendwann

Richtung gebend tragen,
Zielgerichtet die
Dampflok mit den Wagen
Voller Poësie

Ohne Ruckelei gen
Endbahnhof dann führ'n.
Bis sie steht, ist Schweigen
Angesagt. Die Tür'n

Bleiben stets geschlossen,
Bis sie wirklich steht.
Wieviel Zeit verflossen
Ist, wieviel vergeht,

Liegt bei dir alleine,
Führer deiner Lok,
Der du bist. Laß keine
Gärtner auf den Bock!

Zum Zug

Kommt die Dichtung erst zum Zug,
Setzt man an zum Höhenflug.

Zur Einstimmung

Der Dichter besingt Diotima,
Ergeht sich in Schwärmerei pur
In zarter Versponnenheit, sie ma-
Sochistisch fast anbetend.— Nur

Die Liebe, nach der man sich sehnet,
Bleibt rein und hat keine Kontur:
Was sich ins Unendliche dehnet
Und sphärisch verklärt wird, den Ur-

Instinkten enthoben, wird währen.—
Der Mensch aber ist der Natur
Behaftet und schwebt nicht in Sphären…
Von Reinsein im All keine Spur!

Zu den Stationen

1

Verliebtheit versetzt in Bewegung,
Verrückt und verstellt auch den Blick,
Macht kühn und entblößt jede Regung,
Ergibt sich in jedes Geschick.

2

In Liebe zu sein, heißt, die Gnade
Des ewigen Einsseins zu spüren,
Im rosenduftschwangeren Bade
Zu schwelgen, umschmeichelt von Schwüren.

2'

Doch wehe, sie wird nicht erwidert!
Und wehe, sie klammert und klebt!
Dann wird als geteert und gefedert
Die Liebesanhaftung erlebt.

3

Das Hochgefühl ist nicht von Dauer,
Und Leidenschaft schwindet im Nu.
Die Wirklichkeit liegt auf der Lauer ... —
Ganz plötzlich und prompt schlägt sie zu.

4

So mancher ist daran zerbrochen,
Und mancher verliert den Verstand.
Das zieht sich durch alle Epochen,
Denn darin sind alle verwandt.

5

Wenn's gut geht, bleibt Freundschaft erhalten,
Vertrautheit und Innigkeit gar.
Doch oft wird nur einfach erkalten,
Was hitzig und irrwitzig war.

6

Kurz vor der Endstation
Bimmelt es: ein Person-
Alwechsel ... — dachte schon!

Im Reisefieber

Grad' wenn's scheint, 's ist nichts gewonnen,
Ist's uns auch nicht ganz geheuer:
Stürzen wir uns unbesonnen
In ein neues Abenteuer!

In diesem Sinne —

Sonja Maria Rathjen
im September 2018

Anfänge

Adam hatte ein Begehr
An den Schöpfer, der den Ruf
Hörte und ihm folgenschwer
Eva an die Seite schuf.

Folge

Es wimmelt von Menschen,
          zur Paarung bereit.
Das Heil liegt, so heißt es,
          im Leben zu zweit.

Anruf

Gott schaut auf Anruf hinein
          in die Herzen.
Ob seiner Allmacht kann er
          es verschmerzen,
Wenn sich's die Menschen mit ihm
          denn verscherzen —

Ihm, der die Liebe ist, die
          sie zwar spüren,
Doch allzu selten die Lie-
          besglut schüren.
Weiß Gott! Das menschliche Herz
          muß man führen!

Boten

Engel wurden ausgesandt,
Von den Menschen unerkannt,

Daß ihr Engelszungenschlag
Sich Gehör verschaffen mag,

Eingang finde durchs Gehör
In die sprachliche Couleur.

Sprache formt den Menschen: das
Gab man ihnen mit. Und was

Gaben sie sich Mühe und
Quatschten sich die Münder wund!

Fuss'lig redeten sie sie
Sich mit großer Empathie!

Doch wenn jemand Stimmen hört,
Gilt er als enorm gestört:

Unter Menschen ist das so.
Und so bleibt die Sprache roh.

Unkenspruch

Wird die Liebe erst gepredigt,
Hat sie sich schon gleich erledigt.

Krötenwahrheit

Hat die Liebe eingeschlagen,
Gibt es eh nichts mehr zu sagen.

Selbstschutz

Wie ihm geschieht, kann er
              sich nicht erklären,
Darf daher niemandem
              Einblick gewähren.

Erwachen

Aus einem Tiefschlaf soëben erwacht,
Ziemlich verzottelt, die Augen verquollen,
Kommt ihr der Traum der vergangenen Nacht,
Aus dem erwachen sie nie hätte sollen ...

An jenem Morgen

Vierzehnter Februar, morgens halb zehn,
Ging sie nach draußen, die Zeitung zu holen
Und wie gewöhnlich nach Post auch zu seh'n.
Heute jedoch linste sie erst verstohlen

Oben hinein durch den Briefkastenschlitz,
Ob zwischen Wurfwerbung sie eine Karte
Könnte entdecken, vielleicht eine glitz-
Rig geblümt rosane, die ihrer harrte ...

Wer wär' es diesmal, wer mochte es sein,
Ihrer gedenkend in heimlicher Liebe,
Von der er aus seinem Dachkämmerlein,
Hoffnung und Sehnsucht im Herzen,
              ihr schriebe?

An jenem Tag

Schwärmerisch wandelnd,
         verträumt sie den Tag.
Was sie wohl so zu
         entrücken vermag?

Amor und Psycho

Amor und Psycho,
         zwei Brüder im Geiste
Nicht nur:

Gezeugt von zwei Vätern,
         weil Mutter entgleiste …
Natur-

Gemäß sind die beiden
         einander nie näher,
Als wenn

Ein Opfer gefunden
         von Amor, dem Späher,
Und gen

Des Herz ist geschossen
         der Pfeil, der die Seele
Erfaßt,

Und Psycho, daß er ihm
         den Rest Verstand stehle,
Sie chasst.

Traummann

Ein Cowboy, kein Lied auf den Lippen,
Ritt ein in die Goldgräberstadt,
Nur eines im Sinn, nämlich Kippen:
Er hatte die Strohhalme satt.

Er lenkte sein Pferd am Gefängnis
Vorbei und hielt vor dem Saloon.
Und das wurde ihm zum Verhängnis,
Grad' so wie in einem Cartoon:

Ab stieg er, den Fuß noch im Bügel,
Und glitt mit dem anderen aus.
Vor Schreck ließ er fahren die Zügel ... —
Sein Pferd schleifte ihn vor ihr Haus.

Es wieherte, bis es ihr schwante,
Daß sie und nur sie helfen kann.
Sie fühlte, daß an sich was bahnte,
Und hoffte, es sei mit dem Mann.

Als sie dann den Cowboy befreite,
Den Staub er sich leidlich entfernt,
Zog's ihn wieder fort in die Weite,
Und sie blieb zurück wie entkernt.

Seither blicket sie in die Ferne,
Ob er nicht vielleicht wiederkehrt.
Gehabt hätt' sie ihn allzu gerne,
Doch ward ihr der Cowboy verwehrt.

Beste Freundin

Teilt die Vision, doch die Endszene biegt
Sie so zurecht, daß sie ihn aber kriegt.

Funksignale

Er ist ein Mann,
Er ist ein Traum.
Sie sieht ihn an
Und glaubt es kaum:

Sein Muskelspiel,
Wenn er sich regt
Und doch mit Stil
Sich fortbewegt,

Der Hintern stramm
In engen Jeans.
Sie denkt: ‚Caram-
Ba, ich verdien's!'

Mit einstudiert-
Em Wimpernschlag
Signalisiert
Sie ihm: ‚Ich wag'

Mich ganz schön vor;
Warum ich schau'
Zu dir empor,
Weißt du genau!'

Da lächelt er
Sie strahlend an
Und funkt: ‚Komm her,
Ich bin dein Mann!'

Drauf kriegt sie so-
Fort weiche Knīe
Und denkt sich: ‚Oh,
Jetzt oder nie!'

Sie tanzen in
Den Morgen rein.
Es funkt dem Sinn
Nach: ‚Du bist mein!'

Und die Moral
Von der Geschicht':
Funkt's endlich mal,
Dann zöger nicht!

Tagseufzer

Oh, du mein Mägdlein, wie lüstern
Du deine Lippen benetzt…
Höre ich da nicht ein Flüstern?
Hast du ein Wort freigesetzt?

Fliegt es auf hauchgleichen Schwingen
Zart und zerbrechlich herzu,
Um mir die Botschaft zu bringen?
Hach, du mein Mägdelein, du!

Lilie, du zarte

Lilie, du zarte, mit Feuer im Stempel,
Laß mich die Hummel sein, die ihn bedeckt!
Fresken der Leidenschaft aus deinem Tempel
In meinem Pelz ..., bis 'ne andre sie weckt.

Ach, Tochter!

Ach, Tochter, ich sehe, wie trefflich du reifst,
Und mache mir ernsthafte Sorgen.
Es ist an der Zeit, daß du Dinge begreifst,
Die jäh dich ereilen schon morgen.

Denn zeigst du dich zugänglich, wirst du bestürmt,
Belagert auch von allen Seiten
Und manchmal erobert, bist du nicht getürmt
Mit wehenden Fahnen beizeiten.

Und keiner wird recht sein dem Vater für dich,
Ja, glaub mir: all so wird es sein.
Denn wenn's einer weiß, dann ist's er.
                              Drum versprich,
Dich stets vor den Männern zu fei'n!

Früh übt sich, ...

Oma hat mir beigebracht,
Wie man Männer glücklich macht.

„Füge dich, mein Kind", sprach sie,
„Das ist schon die halbe Mie-

Te! Auch wenn's dir vor ihm graust,
Sei ganz Frau, daß er nie maust!

...Was ein Frauchen...

Wenn es einmal kommt zum Streit,
Halte dich erst recht bereit!

Tu, als ob du fragen tätst,
Ohne daß du dich verrätst:

,Wenn ich stille deinen Trieb,
Hast du mich dann wieder lieb?'

Und wenn er dann endlich stöhnt,
Seid ihr wieder ausgesöhnt.

...Werden will

Selbstentfaltung?! Welch ein Hohn!
Pflichterfüllung bis zur Fron

Ist es, was dich macht zur Frau
In der Ehe, Kind. Sei schlau!"

Masterplan

Reib an meiner Flasche
Bauch, ich fleh' dich an!
Vorher aber wasche dir die Hände, Mann!

Dann entkork sie lieber, denn sonst platzet sie!
Dann wird geh'n das Fieber
Über in Magie.

Gebührenabrechnung

Um die Hüfte ward weiland verschraubt
Ein metallener Gürtel zum Schutze,
Daß die Unschuld nicht werde geraubt,
Ehedem sich ein Gatte zunutze

Machen würde, was ihm dann gebührt,
Der von nun ab den Schlüssel besäße,
Der zum Tempel der Freude ihn führt,
Daß sie bleibe die nur ihm gemäße.—

Um die Taille ward später gezurrt
Dann das Mieder, daß drunter es quelle
Um das Becken, damit es geburt-
Freudig scheine, zum Lusttempel schwelle

Unter Taft, reich verziert mit Brokat,
Ihn erwartend und dennoch entzogen
Dem, der siegreich war, schreitend zur Tat
Bei der Trägerin, die — ihm gewogen —

Sich ihm hingibt, das Feld überläßt
Ihm, sich anheischend, es zu bestellen:
Ein vom Stärken des Stoffes so fest
Wie ein Brett worden Monstrum, von Wellen

Starrer Spitze gesäumt, blütenweiß,
Ihm bedeutend, daß Reinheit hier wohne,
Ein auf Folgen verweisender Steiß
Ihm zur Abwägung, ob es sich lohne.—

Nach von Zwängen befreitem Jahrzehnt
Und in Wirrnis versunkenen Zeiten
Kam, an damals ja wohl angelehnt,
Etwas auf, sich bewährend beim Reiten:

Eine Hose und trotzdem ein Rock,
In der Länge die Knië umspielend,
Um den Po aber steif wie ein Stock,
Weil zu eng, dennoch dadurch drauf zielend,

Ihn in Szene zu setzen, den Po,
Daß er, bloßgestellt, plump werbend locke,
Doch auf Anhieb die Nachricht schick': ‚So
Seh' ich aus. Jetzt befrei mich vom Rocke,

Wenn du kannst, heißt: dran zerrst nach Gebühr,
Eh dir alles vergeht, also schnell! Reiß
Dich zusammen!' — Gebührt nicht dafür
Dem Erfinder der Friedensnobelpreis?!

Steter Tropfen

Ja, es höhlt der stete Tropfen
Nicht zuletzt den spröden Stein.
Doch dann gilt's, ihn neu zu stopfen
Bis ins kleinste Ritzelein,

Daß sich's gegen dich nicht wende,
Deine Zukunft dir verstell''s.
Denn für diese braucht's am Ende
In der Brandung doch den Fels!

And The Winner Is ...

Hör' ich denn doch mal auf meine Vernunft,
Spricht sie wie alles und jeder
Gegen ihn: eine Zusa-ammenkunft
Brächte mich unter die Räder;

Vorzüge hat er zwar reichlich, doch muß
Ich mich doch seiner enthalten;
Mahnt mich, bei allem Hormonüberschuß
Sie mit dem Hirn einzuschalten.

„Ja doch!" ruft's aus mir. „Das weiß ich doch längst.
Laß mich doch wenigstens träumen!" —
„Nein", widerspricht sie, „er ist zwar ein Hengst,
Aber er läßt sich nicht zäumen." —

„Muß er nicht!" —„Doch!" —„Aber nein, denn ich will
Ihn ja doch zügellos reiten!" —
Darauf ist sie, wenn auch kurz nur, mal still ...
„Widerspruch: Anzüglichkeiten!"

Recht und billig

Zeigt sich ein Weibchen beim Werben zu willig,
Alles was recht ist: das ist mir zu billig!

Schnelldurchlauf

Kaum umworben,
Schon verdorben.

Single Thomas

Single Thomas auf den Satz,
Habe er erst einen Schatz,
Laufe alles sehr viel runder:
„Glaubst du wirklich noch an Wunder?"

Selbstbehauptung

Noch ehe sie sich an wen hängen,
Sich wähnend in weiblichen Fängen
Und zappelnd, gegängelt von Zwängen,
Behaupten sie sich im Verdrängen.

Trau dich!

Ist dein Vorgeh'n noch so pfiffig,
Weil an Traute dir gebricht's,
Mußt du dennoch übergriffig
Werden, denn sonst wird das nichts.

Idyll

Ein junges Paar streift Hand in Hand
Durch nächtlich dunkle Gassen.
Noch einet sie ein trautes Band,
Noch kriegen sie's zu fassen.

Gefahr im Verzug

Schlüpft er erst unter ihr Laken,
Hat sie ihn ganz schnell am Haken.
Ist er nicht gänzlich von Sinnen,
Flieht er noch heute von hinnen.

Auf den ersten Blick

Kaum hat er Lisbeth erblicket,
Schon ist es um ihn gescheh'n,
Wäre er beinah ersticket.
Jappsend zählt er rasch bis zehn.

Lisbeth ergeht es im Grunde
Ähnlich: als sie Andi sieht,
Stecket ein Frosch ihr im Schlunde,
Füllt ihren Bauch Dynamit.

Magisch die Anziehungskräfte
Wirken, was ihnen erlaubt,
Trunken zu tauschen die Säfte,
Ehe — der Sinne beraubt —

Sie wären untätig blieben.
Einer zum andern wird wie
Von einer Windhose trieben.
Längstens erreicht haben sie

Die zur Verschmelzung der Kerne
Nötige Temperatur,
Schweben dahin auf der Sterne
Zukunftsverheißenden Spur.

Der Antrag

Jochen und Luise
Knieten auf der Wiese.
Da er schon mal kniete,

Dachte er sich: ‚Schiete,

Jetzt muß ich es wagen
Und sie endlich fragen.'

Mutig sprach er: „Liebste,
Wenn ich früge, bliebste

Bei mir?" Ob eingehe
Sie mit ihm die Ehe,

Brauchte es nicht mehr, denn
Sie rief aus: „Da werden

Meine Eltern sicher
Froh sein!" Ihr Gekicher

Deutete er als ein
‚Ja'. „Was wird der Fall sein",

Frug er daher, „haste
Dran gedacht, ..." — er faßte

Sich ein Herz — „...daß Kinder
Kommen könnten in der

Zukunft?" — „Ja, mein Jochen,
Schon seit vielen Wochen." —

„Und?" — „Es ist versprochen:
Ich werd' nicht drauf pochen,

Welche zu gebären,
Denn vor allem wären

Sie ja zu bemuttern.
Und so Kinder futtern ...!

Mir genügt es, Jochen,
Dich dann zu bekochen."

Derart abgewiegelt,
Ward es so besiegelt.

Doch ob der Hormone
Blieben sie nicht ohne

Kinder, weil sie trickste.
„Schweinerei, verflixte!"

Amen

Der Pfarrer im Brokatgewand,
Der Bräutigam im feinen Zwirn,
Die Braut an Vaters fester Hand,
Den Schleier um die blasse Stirn,

Erhab'nen Schritts nach vorn geführt
Zu Wagners Marsche gen Altar,
Die Mutter sinnend, tief gerührt:
So sei es, wie es immer war.

Starthilfe

Im Nachhinein wird mit Präsenten
Und Wurfreis besiegelt der Schluß
Der Ehe, und vom Präsidenten
Das Kochbuch für sie ist ein Muß.

So rückt das Paar näher dem Ziele,
Zu kriegen der Kinderlein viele.

Semper idem

Endlich läßt sie sich in seine Arme sinken.
Schon fängt eine an, sich bei ihm einzuklinken
Mit der schnöden Absicht, sie mit ihm zu linken.
Liegt ein Sinn darin, dagegen anzuschminken?

Der Junggeselle

'S war einmal ein Junggeselle,
Gut betucht mit Vorstandsstelle,
Der gar heftig sich verliebte.
Doch sie war bereits die siebte.
Statt sein Los mit ihr zu teilen,
Nein: per Anwalt auszufeilen,
Gründlichst zwecks Besitzstandswahrung
(Nach statistischer Erfahrung
Mit den üblichen Verläufen
Solcher Ehen) anzuhäufen
Diese, jene Grundbedingung,
Freilich mit Detailanbringung,
Um vom Geld sie abzuschneiden,
Komme es dereinst zum Scheiden,
War sein einziges Bestreben —
Und zwar vor dem Eheleben.
Per Vertrag all so geknebelt,
Ward die Liebe ausgehebelt.
Da es mit der Siebten krachte,
Folgte irgendwann die Achte.

Großprojekt

Wie ein Paar sich mag entfalten,
Sei's mit Segen oder ohne,
Zeigt sich nicht im Balzverhalten.
Ob ein Bund ihm innewohne,

Einem Paar, das sich gefunden,
Wird sich unterwegs erweisen.
Miteinander zu erkunden —
Ohne um sich selbst zu kreisen,

Praxisnah, nicht theoretisch,
Selbstversuchen aufgeschlossen —,
Was mal nüchtern, mal pathetisch,
Mal in Tradition gegossen

Querliegt oder richtunghaltend
Stützend wirkt: das wird sich finden.
Im Verein, das Sein gestaltend,
Läßt sich manches überwinden,

Vieles sich zunutze machen,
Kann mit Weitblick — im Vertrauen
Aufeinander und mit wachen
Sinnen — man ein Schloß erbauen,

Das nicht luftig, schön geschliffen,
Sondern wird 'ner Festung gleichen,
Die im Bauen bleibt begriffen.
Die mag dann für's Leben reichen.

Klassiker

Beruflich gilt es Fuß zu fassen
Und nicht beirren sich zu lassen,

Um finanziell sich aufzustellen,
Bis beider Konten überquellen.

Ein Haus im Grünen wird ersonnen,
Gemeinsam weidlich ausgesponnen,

Geplant, gebaut und dann bezogen,
Nachdem die Möbel sind erwogen,

Gekauft, geschmacksgemäß gewichtet,
Gestellt, zusammen eingerichtet,

Um dann den Garten anzulegen
Mit Beeten, Teich und Tiergehegen.

Dann werden Hobbies austarieret,
Der Alltag durchorganisieret.

Mit Freunden macht man jetzt Termine,
Daß sie durchbrechen die Routine.

In Paaren trifft man sich, damit sich
Nichts allzu aufgeregt und hitzig

Entwickle, es harmonisch bleibe.
Doch Harmonie genügt beileibe

Nicht, um als Paar zu reüssieren!
Ich will es mal wie folgt notieren:

Ehe ein Paar in der Sackgasse steckt,
Sucht es sich lieber ein neues Projekt!

Aus der Gosse

Aus der Gosse einst gezogen
Ward die Maid einst von dem Manne.
Erst hat er die Maid gewogen,
Dann wusch er sie in der Wanne.

Als sie sauber war und strahlte,
Hat er sie in Samt gekleidet
Und, da sie sich noch bemalte,
Sich noch nicht an ihr geweidet.

Zeigen wollte er sie allen,
Sich mit ihrem Anblick brüsten.
Dann hat ihn die Lust befallen,
So daß sie sich erstmals küßten.

Weit sind sie denn nicht gekommen,
Denn schon zerrte er am Kleide,
Hat sie, wie man sagt, genommen
Frei von jeglichem Geschmeide.

Und so kam es, daß noch keiner
Seine Maid hat je gesehen.
Sie bemächtigte sich seiner,
Denn es war um ihn geschehen.

Und nun zog denn sie die Strippen:
Ganz und gar war er ergeben
Ihren rotbemalten Lippen … —
Viel braucht's nicht zum Überleben!

Szene einer Ehe

„Ich geh' dann mal raus in den Schuppen.
Dort muß ich noch einiges wuppen!" —

„Ja, mach das! Ich muß hier noch saugen."

Doch erst mal raucht sie ein, zwei Fluppen.
„Der mit seinen blöden Schaluppen!

Und der soll als Ehemann taugen…" —

Derweil kloppt er sich auf die Kuppen
Der Finger. Die Wunden zu suppen

Beginnend, wird schwarz ihm vor Augen.

Er sieht lauter Truppen von Puppen
Statt glitzernder Sternchen in Gruppen.

Doch bringt er es fertig zu rufen.

Sie kommt und reicht ihm seine Schluppen
Und sieht den Supp. „Schon wieder schruppen! —"

Und — schwups! — rutscht sie aus auf den Stufen.

Immer wieder verblüffend

„Ui, deine Handtasche ist aber schwer:
Wiegt ja 'ne Tonne, du, oder noch mehr!

Wundert mich, daß
Sie in die Höh' kriegste!
Sie enthält was?" —
„Ach, nur das Nötigste!"

Bettgeflüster

„Schatzi", sagt sie, „sei so nett,
Mach mir eine Schnitte
Mit viel Camembert als Bett-
Hupferl, Schatzi, bitte!"

Klar, daß er im Gegenzug
Frug: „Sind meine Füße
Etwa nicht mehr fein genug
Für dein Näschen, Süße?"

Geregeltes Leben

Montags bis freitags das Malochen,
Einmal die Woche zum Verein —
Skat oder Kegeln
Halt unter uns Flegeln:
Da red't meine Frau mir nicht drein.

Samstags und sonntags muß ich pofen.
Abends, da saufen wir uns zu,
Und nach dem Tanken
Bleibt, heimwärts zu wanken,
Und nachts will ich dann meine Ruh'.

Break: (*entlang Zeilen 3 - 5*)

Ja, nachts will ich dann meine Ruh',
Ich will meine Ruh', ich will meine Ruh',
Zum Henker, nachts will ich dann
mei_ne_ Ru_h'!

Zur Wehr gesetzt

Jeden Lockenwickler kennt er,
Wie ins Haar er ist gesetzt.
Daher immer länger pennt er,
Bis zur Nacht zu guter Letzt.

Zu spät

Interessehalber fragt sie,
Was er so sinniert.
Immer weiter vor sich wagt sie,
Was er phantasiert.

Hinterher reut es sie bitter.
Hätte sie doch nie
Nachgefragt! Er wär' ihr Ritter
Blieben. Dussel, sie!

Irritation

Ihm war es aus ihrer Sicht
      Kotzübel,
Doch er übergab sich nicht
      Trotz Kübel.

Hilflos sich verrückt gemacht
      Schier hat sie:
War das noch — nach dieser Nacht —
      Ihr Schatzi?!

Sinnes Wandel

Zu Anfang noch läßt er
Als ält'res Semester

Der Dame, auch seiner,
Den Vortritt. Wenn's einer

Beherrscht, dann ist er es.—
Doch teilt er sein schweres,

Beladenes Leben
Mit dieser, die neben

Sich steht ob der Plagen,
Die beide zu tragen

Bereit sind und waren,
Dann muß sie erfahren,

Wie jenes Verhalten
Er abstreift und walten

Läßt Grobheit, zur Regel
Wird, daß er sich flegel-

Haft aufführt und gehen
Läßt: ob aus Versehen,

Ob absichtlich, jeden-
Falls endet's in Fehden.

Dann stößt es ihr bitter
Auf: fürderhin tritt er

Zwar nach, doch vom Sinn her
Nicht wie zu Beginn mehr.

Vorhaltung

Mein Kater hat mich heut' gewecket,
Hat schnurrend die Wangen beschmust,
Die Nase mit Inbrunst gelecket,
Wie du das schon lang nicht mehr tust.

Gut aufgelegt

Um den jüngst erlosch'nen Ofen
Doch noch einmal anzuschür'n,
Eilte sie, Dessous zu kofen,
Um den Gatten zu verführ'n.

Spitzen dienten ihr als Spane,
Ritzen wo als Kiefernholz,
Um ihn schnell aus seinem Trane
Rauszureißen. Doch dann wollt's

Nicht verfangen, also legte
Sie mit Edelhölzern nach —
So lang, bis sich doch was regte
Und sie seine Eisschicht brach.

Oh, wie wohl

Oh, wie wohl tat mir die Nacht:
Hat mir einen Traum gebracht.

Schau' ich auf das Kissen dein,
Kannst du's nicht gewesen sein.

Nachtseufzen

Das Gelb deiner Zähne, es leuchtet bei Nacht,
Du schnarchest und grunzest dazu.
Es schmatzen die Lippen, als hättest du Schmacht,
Dann malmen die Beißer wie die einer Kuh.

Was magst du wohl träumen, ach Liebster, ach mein?
Es ist ein gar lustvoller Traum.
Ich wünschte, ich könnte ein Teil davon sein,
Du schlössest mich ein, um dasselbe zu schau'n!

Haaach!

Ich schließ' meine Augen und wähne mich dort,
Wo du dich genüßlich vergnügst.
Wir beide genössen es ohne ein Wort,
Mit dem du mich wachend ja doch nur belügst.

Haaach!

Erst neulich

Erst neulich — sie hatte schon einen im Tee —
Betrat sie mit ihm ein vertrautes Café.
Auf ihn zeigend, sprach sie zum Herrn in Livrée:
„Daafch voaschtelln: dez izz mein Egzgatte in schpe."

Homo capiens

Ahnt er's nur, oder weiß er's schon?
Wankt der Turm schon von Babylon?

Et cetera P.P.P.

Kaum hat er den Punkt gestreift,
Ist er auch schon abgeschweift.

Sie hat sich auf ihn versteift
Und dann schließlich losgekeift.

Als wär' was in ihm gereift,
Hat er sie vors Bett geschleift

Und, geradezu geschliffen
Sprechend, dort das Wort ergriffen.

Sie, benebelt wohl vom Kiffen,
Da so gar nicht mehr verkniffen,
Lallte lachend: „Drauf gepfiffen!"

Wissen a posteriori

Krieg' ich dich,
Kriegst du mich;

Auf den Sieg
Folgt der Krieg.

Ruption

Es klirrt ein Glas,
Ein Spiegel bricht.
„Du hast doch was?!" —
Sie hört ihn nicht.

Es ist so weit

Die ersten Türen knallen.
Sie weiß sofort: es ist so weit.
Er läßt die Maske fallen.
Willkommen in der Wirklichkeit!

An der Scheide

An der Scheide:
Nach durchlebter Zeit der Brunft
Stehen beide
An der Schwelle der Vernunft.

Frauversteher

„'S Provoziere
Isch scho ihre

Stärke", meint er.
Und dann weint er.

Schwarzmalerei

Glaubt sie im Disputverlauf,
Kommen könnt' es nimmer schlimmer,
Setzt er nochmal einen drauf,
Schwärzt den letzten Hoffnungsschimmer.

Wundbrandrede

Magst du an mir dich noch so reiben,
Bis von der Haut nur Fetzen bleiben,

Da wundgescheuert — wegen meiner:
An meinem Ego kratzt mir keiner!

Prekäres Verhältnis

Ist er morgens um halb zehn
Wieder einmal aufzusteh'n

Nicht gewillt, dann macht ihn mit
Einem Tritt die Gattin fit.

Böser Traum

Vollends in sich selbst versunken,
Döst er vor sich hin.
Sprüht er keine Geistesfunken,
Ist er kein Gewinn.

Einmal hat es ihr gestunken,
Daß sie schier erbebt',
Hat gerüttelt am Halunken:
Hat nicht mehr gelebt.

Gegentraum

'S fällt ihm nicht ein, sich für sie zu verbürgen,
Auch nicht für sich mehr: er könnte sie würgen.

Sehen und gesehen werden

Sieh doch, die Lade des Kinns, wie sie fällt
Und wie er verkrampft an der Lehne sich hält,
Wenn sie vorbeirauscht, die himmlische Fee...
Da nippt er spitzlippig am zu heißen Tee.

Im Bilde

Er krümmt sich, er würget, er spuckt, und er speit.
Ein mächtiger Schwall bricht sich Bahn
Und schlägt einen Bogen gar hoch und gar weit,
Doch zäh wie aus einem Vulkan.

Mit Bröckchen, ummantelt von gelblichem Schleim,
Der sich auf dem Acker ergießt
Und unter sich alles ersticket im Keim,
So daß künftig nie mehr was sprießt.

Erkaltet, bleibt nichts als ein toter Morast,
Der stinkt wie auf einem Abort.
Das kommt dabei raus, wenn man's plastisch erfaßt,
Bei einem gebrochenen Wort.

Hab acht!

Ob Männlein, ob Weiblein, hab acht,
Hast du mit 'ner Frau dich verkracht!
Es wird, wenn es brodelt und zischt,
Dir allerlei untergemischt.
Denn nicht nur, was Morde betrifft,
Bevorzugen Frauen das Gift.

Erkannt

Er zieht diese Miene...
Er stellt sie zur Schau.
Gleich heult er...: der Mime
Mimt seelischen Stau.

Er will ihr gestehen,
Was immer es sei,
Um nachher sich gehen
Zu lassen — pfui Dei-

Bel! Sie will nichts hören,
Was jeden Niveaus
Entbehrt. Im Beschwören
Ist er, glaubt er, groß!

Die Charme-Offensive
Hält einen Tag an...—
In Retrospektive
Wird sie irgendwann

Das ihre statt seiner
Getan haben, ja,
Noch schlimmer, sich keiner-
Lei Schuld bewußt, pah!

Drum stellt sie sich blind und
Beläßt es dabei.
Er ist halt ein Windhund,
Und sie gibt ihn frei.

Fazit

Ist der Mann ein Schwerenöter,
Endet er als Liebestöter.

Unkenregel

Hat sie ihn weiland an Kinds Statt bemuttert,
Wird er bald regelrecht untergebuttert.

Kampfansage

Wegen all der Zwangsmaßnahmen,
Die ihn zuhause erwarten,
Fühlt er seine Kraft erlahmen,
Sich zu 'nem Plüschtier entar—...
                                    verkommen.

Windelweich ward er geklopfet,
Ausgehöhlt, leer gesaugt ward er,
Dann mit Watte ausgestopfet
Durch die alltägliche Marter.

Aufgeschwemmt, gesetzt, behäbig, ...
Eingestaubt riecht er und muffig.
Allgemein — für ihn ist's schäbig —
Gilt er als goldig und knuffig.

Lang hat er es schleifen lassen,
Allzu lang.— Langsam beginnt er,
Angewidert sich zu hassen,
Und ohne Schmackes dahinter!

Also wird er abtrainieren,
Was ihn dran hindert zu handeln,
Und sich — Kampf den Kuscheltieren! —
In sich selbst wieder verwandeln.

Ausgebüxt

Ungläubig hört' er ihr Hetzen.
Daß ihn der Affe doch laus'!
Statt auf den Pott sie zu setzen,
Büxte er fluchtartig aus,

Floh in der Nächstbesten Arme,
Die sich gar willig erbot,
Hoffend, daß sie sich erbarme
Grad' so lang, wie seine Not

Andauern würde, damit er
Wieder bei Kräften, genesen,
Stolz, weil als siegreicher Ritter,
Heimwärts könnt' eines Tags pesen.

Daß er dort würde empfangen,
Sieger, der er dann ja wär',
Reuig, mit glühenden Wangen
Flehentlich, wäre nur fair.

Unkenstelldichein

Stell dich ein immer aufs Schlimmste und Ärgste!
Stellt sich raus, es ist noch ärger: das merkste!

Aufklärung

Erst wird man gewickelt.
Dann ist man verpickelt,
Die Hose braucht Zwickel:
Ein arges Gefrickel.

Dann macht man sich schick,
Denn sonst macht's nicht ‚Klick'.
Die Uhr nämlich tickt,
Wenn man sich nicht schickt.

Dann folgen Konflikte
Ob seiner Delikte
Und, kommt es ganz dick,
Der Schlag ins Genick.

Läßt sich's nicht mehr flicken,
Dann bleibt nur noch Stricken.
Es ist schon verzwickt!
Hast du's jetzt geblickt?

Schade

Einst so verliebt ineinander —
Ja, Maiglöckchen gleich, wenn sie blüh'n,
    Blütenreich wie Oleander —,
Sind sie sich heut' nicht mal mehr grün.

Einst — wie zwei zwitschernde Finken —
Besäuselten sie sich die Ohr'n.

Heut', statt im Schmalz zu ertrinken,
Sind Hopfen und Malz längst verlor'n.

Eigener Abgang

In Trauer, die Weide, zu Boden sie neigt
Die eigentlich strotzenden Zweige.
Und was noch an Säften hinan in ihr steigt,
Weint aus ihren Blättern mit eige-
Nem Beigeschmack, der sich in Bitterkeit zeigt
Im Abgang der Weidenweinneige.

Deutliche Spuren

Die Liebe, auch wenn sie erfüllt einmal war,
Hinterläßt deutliche Spuren
An den Organen, die sie immerdar
Aufweisen in den Konturen:

Denn Risse sind's, Löcher, 'ne Ecke, die fehlt,
Tief eingedrungene Narben,
Knackse im Hirn und im Herzen. Und schwelt
Es noch tief drin, leuchten Farben

Verglimmender Glut durch die Knackse empor,
Ehe sie vollends erlischet.
Niemand schützt Herz oder Hirn je davor.
Noch hat es jeden erwischet.

Verlorene Unschuld

Adam sprach: „Sei auf der Hut!
Eva meinte es zwar gut,

Als sie mir den Apfel reichte,
Doch die Birne mir erweichte.

Voller Liebe, voller Huld
Lud sie auf mich große Schuld."

Als der Mann die Warnung hörte,
Die ihn fürchterlich verstörte,

Ließ er ab von seinem Weib,
Daß ein Unschuldslamm er bleib'.

Eva sprach zu ihr: „Sei schlau
Und gebärde dich als Frau!

Denn dann dauert es nicht lange,
Und er geht dir — sei nicht bange! —

Ganz gehörig auf den Leim,
Denn die Lust sucht ihn dann heim."

Und so kam es, wie es mußte,
Weil's die Eva vorher wußte.

Deshalb lebt die Menschheit fort,
Wenn auch nicht an jenem Ort,

Dem, aus dem uns Gott verwies,
Nämlich aus dem Paradies,

Dem, nach dem wir uns so sehnen.

Doch erklärt das mal all jenen,

Denen ihr es dann nicht gönnt,
Weil ihr hingelangen könnt

In den schönen Garten Eden!
Dann laßt uns von Unschuld reden!

Bis daß der Sumpf...

Formlos hat sie ihm gekündigt,
Sich an ihm und schlechterdings
Außerordentlich versündigt
Außerhalb des Eherings,

Rumgetrieben in amorphen
Sumpfgebieten, schleimig feucht,
Hat ihn, selbst so, zwar verworfen,
Doch verseucht ihn erst verscheucht.

An Edens Pforte

„Eva", schimpft Adam, „der Apfel war faul!" —
„Quatsch!" sagt sie. „'S liegt an der Sorte." —
Unwillig wischt er sich über das Maul,
Vehement an Edens Pforte

Rüttelnd. „Das reicht mir jetzt!" — „Was soll das
heißen?!" —

„Ich werde in einen besseren beißen."

Amtlich

Vorübergehend eingewiesen,
Kam sie bald schon wieder raus.
Nach den letzten Ehekrisen
Ist es amtlich: es ist aus.

Frühfolgen

Den Garten im Rücken —
Die Türe fällt zu —,
Gewahr aller Tücken
Wie fehlendes Schuh-

Werk, Schwärme von Mücken
Und auf du und du
Mit Panikalpdrücken:
Sie wollten's partout!

Hernach

Nach ihrem rigorosen Schnitt
Trägt — nicht aus freien Stücken —
Ein jeder seinen Rucksack mit
Sich auf gebeugtem Rücken.

Hinweg

Es wieget die Last auf dem Kreuze so schwer.
Vom Maultier hinweg geht der Zug umso mehr.

Leinen los!

Als sie einander den Rückzug erklärten,
Weil sie als Beifahrer sich nicht bewährt
Hatten, schon gar nicht als Lebensgefährten,
Zogen sie Leine im Einzelgefährt.

Weitblick

Blicke nicht zurück im Zorn,
Doch vergiß nur ja nichts, daß
Auf dem Schotterpfad nach vorn
Nichts davon dich stolpern lass'!

Siebenmeilenstiefel zieh
An: der Pfad erfordert sie!

Und nun?

Auf den Topf paßt je ein Deckel.
Doch wie steht es mit dem Säckel?
Wo nimmt der ein Goldstück her,
Silber-, Kupfer-? Geht der leer
Aus?

Neuerdings

Beide sind neuerdings, lange geparkt
In der Beziehung, ab jetzt auf dem Markt.

Der Freiheit entgegen

Die Pferde zu satteln,
Den Hengst und die Stute,
Statt Zeit zu verdatteln
Mit Planung der Route,

Ist Ansinnen beider.
Sie machen jetzt schnell, denn
Sie sind nunmehr leider
Nicht ganz frische Helden.

Die Sonne steht blutrot
Im Westen. Sie sehen
Es, wie deren Glut droht
Bald unterzugehen.

Sie zögern nicht mehr, denn
Dann wär'n sie verloren,
Und geben den Pferden
Nun tüchtig die Sporen.

Sie reiten verwegen
Hinein in die Wildnis
Der Freiheit entgegen,
Vor Augen das Bildnis

Von sich als Gewinnern
Derselben voll Wonne
Und Glücksrausch im Innern,
Umstrahlt von der Sonne.

Lehrsatz

Ist dir vor der Zukunft klamm,
Zieh die Gurte nochmal stramm!

Erkenntnis

Nichts ist so, wie es mal war, mehr geblieben.
Und das ist freilich noch weit untertrieben!

(Di)Ver(s)ifizierung

Es gab der Geschlechter mal zwei:
Wir dachten uns gar nichts dabei.

Dann fand man heraus, es gibt mehr.
Das macht es so schwierig seither.

Zieht heute ein Wesen dich an,
Ist's nicht mehr nur Frau oder Mann,

Auch wenn noch so viel dafür spricht.
Kann sein, daß das Wesen noch nicht

Mal weiß, wes Geschlechts es denn sei,
Drauf pochend, es stehe ihm frei

Zu wählen, und zwar ganz für sich.
Und das hat dann Folgen für dich.

Drum mach dich auf alles gefaßt:
Dann freust du dich, wenn es denn paßt.

Vielleicht ist ja deines nicht eins
Von beiden: dann ist es halt deins.

Getrennte Wege

Streng getrennt nach ‚Sie' und ‚Er',
Geh'n sie ihrer Wege,
Hoffend, daß sie sich nie mehr
Kommen ins Gehege.

***

SIE

Alles auf Anfang

Alles auf Anfang — jetzt startet sie durch,
Schlucket beim Froschkuß manch' Kröte
In der Gewißheit, daß irgendein Lurch
Ihren davor überböte.

Ach, mein Gesicht

Ach, mein Gesicht — ich möcht' nicht lügen:
Es anzumal'n, ist kein Vergnügen.

Die Haut fällt bodenwärts in Lappen,
Die Hamsterhängebäckchen schwappen,

Die Furchen werden immer tiefer,
Der Mund wird breit und immer schiefer,

Die Nase länger, fleischig, breiter,
Die Nasenlöcher immer weiter,

Die Augenbrauen ohne Farbe,
Dazu kommt dort die weiße Narbe,

Von Wimpern kann man kaum noch sprechen,
Die Haare an den Spitzen brechen.

Das ist so, fehlen die Hormone...
Es ist schon grausam völlig ohne!

Doch kriegt mich die Natur nicht unter:
Ich mal' mich an nur umso bunter.

Halb so schlimm

‚Wie ist mir so komisch zumute?
Mir schwindelt, im Magen erbebt's!
Es wallet mir Hitze im Blute,
Den Brustkorb samt Busen mir hebt's!'
So spüret sie erste akute
Alarmzeichen und überlebt's.

Spätberufung

Schwing dein Lasso, laß es kreisen,
Wirf es aus: womöglich fängste
Neben lahmen Tattergreisen
Hin und wieder tolle Hengste!

Für wen?

Zupft sie für Stunden an ihrer Frisur,
Prüft sie im Spiegel die Wirkung der Brust,
Ob sie den Blick lenkt auf ihre Figur,
Schminkt sie die Lippen rotschwellend vor Lust,

Zieht sie den Lidstrich mit großem Geschick,
Tuscht sie die Wimpern, bis Tiefe entsteht,
Übt dann im Spiegel den Schlafzimmerblick,
Glaubt man zu wissen, worum es ihr geht...

Doch für wen gibt sie sich all diese Müh',
Nimmt sie es gar so genau?
All die Müh' — freu' sich der Mann nicht zu früh! —
Gilt nämlich nur seiner Frau.

Gegenpol

Bei Männern nennt man's ‚midlife crisis‘,
    Wenn er sich motorisiert
Und wenn ihm doch noch wieder heiß is‘,
    Weil er nach 'ner Jungschen stiert,

Und wenn er sportlich gar daherkommt
    Im verboten bunten Dress
Und plötzlich und betont leger prompt
    Laufen geht vorm Arbeitsstreß

Und frisch geduscht, nach Moschus riechend,
    Sich ins neue Auto schwingt,
Wo neulich noch er hing fast siechend
    Rum, und heimkommt unberingt.

Die Partnerin: die muß sich fragen,
    Ob sie's hinnimmt oder nicht,
Weil es — da muß sie nicht verzagen —
    Bald von selbst zusammenbricht.

Nun, die Entscheidung ist die ihre,
    Ob sie ihn — gebraucht zumal —
Zurücknimmt... oder selber giere
    Nach 'nem Jüngeren. Egal,

Denn dann ist freilich zu bedenken,
    Daß sich alles wiederholt.
Und das: das kann sie sich doch schenken?!
    Männer sind halt so gepolt.

Beobachtung

Manch' Entwicklung kommt recht spät
In der Ehe, im Berufe.
Manchmal ist die Pubertät
Schon die Endentwicklungsstufe.

Nachschlag

Kennt man was vom Schulhof her,
Tut sich Spürsinn ja schon schwer.
Umsicht, Weisheit, Selbstdistanz
Sind dann reiner Firlefanz.

Sie

Im schneeweißen Seidenkleid schwebt sie
vorbei,
Die Nase gen Himmel gereckt,
Den Blick in die Ferne gerichtet, als sei
Soeben von ihr dort entdeckt

Ihr Mekka, ihr Zion, ihr heiliger Gral.
Umwölkt — und so gleichsam entrückt —
Von Sandelholzschwaden, schwebt sie durch
den Saal,
Der, festlich und prachtvoll geschmückt,

Den Anschein macht, alles sei einzig für sie,
Als sei sie die glückliche Braut.
Doch der gilt das Schauspiel in Eigenregie,
Das prompt deren Hochzeit versaut.

Verrannt

Hast du 'ner andren den Mann ausgespannt,
Mach dir nichts vor: dann hast du dich verrannt!
Treue scheint nicht seine Stärke zu sein...
Bild dir nicht ein, er bleib' treu dir allein!
Faul ist die Wurzel, von Mißtrau'n zersetzt.
Nichts kann draus wachsen: durch dich nicht zuletzt.

Ableitung

Mit der Treue verhält sich's wie mit der
Stange Eisen im Sommergewitter.

Ab heute

Im Lokal wird sie ihn gleich erkennen
An der Rose in seinem Revers,
Wird verschämt ihr Erkennungswort nennen
In der Hoffnung, sie mache was her,
Daß er anbeiße und es auch zeige
Und dahinschmelze, wenn er sie sieht.
Denn ab heute ist sie nicht mehr feige,
Drauf bedacht, daß nicht sie's ist, die flieht.

Zur Unzeit

„Immer erreichbar und Nachrichten sendend,
Kann er der Traummann nicht sein", mahnt
Eva. „Er wird nämlich, deine verschwendend,
Immer zur Unzeit vereinnahmt."

Es war einmal

Überdrüssig all der Nieten,
Die ihr nicht gewachsen war'n,
Die in Panik schon gerieten,
Wenn sie nicht mal aufgefahr'n

Hatte, ach was: angedeutet,
Was in ihr doch nunmal steckt...,
Die sofort Alarm geläutet
Haben, wiedermal verschreckt,

Fing sie an, sich anzubieten
Auf Portalen, die sich spe-
Zialisierten auf Eliten
Für die Partnerwahl per se.

Endlich kam sie mal zum Zuge,
Alle lauschten sie gebannt,
Ohne sie als Neunmalkluge
Oder auch als arrogant

Zu empfinden, ja: sie lachten,
Trat ihr Schalk mit Geist hervor,
Weil auch sie verschroben dachten,
Auch gesegnet mit Humor.

Jedes Date war jetzt der blanke,
Lang ersehnte Hochgenuß.
Doch dann kam ihr der Gedanke,
Daß sie sich entscheiden muß.

Das ist ihr noch nicht gelungen,
Da mit Männern unterwegs,
Einem Märchentraum entsprungen.
Wer's nicht glaubt, der widerleg's!

Küß mich

Küß mich, du holde Prinzessin:
Ich bin ein verwunschener Prinz!
Befreie mich von meinem Streß in
Dem Krötenkleid! Glaub mir, ich bin's!

Drück deine Lippen auf meine,
Verzieh dabei nicht das Gesicht!
Sonst bleibst du auf ewig alleine,
Denn dann wirkt dein Kuß leider nicht.

Verpaß mir 'nen feurigen Schmatzer
Und leg alle Leidenschaft rein!
Erlaub dir nur ja keinen Patzer,
Sonst kann ich dein Traumprinz nicht sein!

Werbetext

Das ist der Text zur Ariё für heiseren Tenor,
Die aus „Die Zauberkröte" stammt, der Oper aus
dem Moor.

Wachgeküßt

Träumt man schon von Zauberkröten,
Ist man offenbar in Nöten.

Ein Händedruck

Ein Händedruck: ist er so fest,
Daß er dein feines Händchen preßt,

So daß es beinah schon zerbricht,
Bedeutet dir, er liebt dich nicht.

Den Kumpel sieht er wohl in dir,
Den er wohl mag, doch ohne Gier

Und ohne Leidenschaft wohl ganz.
Er drückt und hält dich auf Distanz.

Daher paß auf und gib drauf acht,
Daß deine Hand das gleiche macht,

Damit er glaubt, dir ginge es
Mit ihm genauso, daß er fress'

Den Köder, den er selber warf,
Signalisierend ‚Kein Bedarf!'

Mit seinem Händedruck, denn der
Stellt immerhin Vertrautheit her.

Gewinnt er nämlich jetzt nicht Land,
Hält er dem Druck vielleicht nicht stand.

Der Damm weicht durch, wird unterspült,
Und dich durchströmt, was er dann fühlt.

Oder aber...

Wird aber dann von ihm nicht mal gewunken,
Heißt das, du bist nach dem Dammbruch ertrunken.

Eingeständnis

Träumte sie dereinst von Liebe,
Mußte sie sich eingesteh'n:
Liebe nähret sich durch Triebe,
Wird mit ihnen einst vergeh'n.

Der Vertrautheit wird sie weichen,
Einer Freundschaft, wenn's gelingt.
Irgendwann muß ihr das reichen.
Ist das alles? Unbedingt!

Zuspruch

Wenn die munter sprudelnd' Quelle
Libidoverlustig geht,
Tritt an ew'ger Geilheit Stelle
Ein Verlangen, still und stet.

Rückt dir nächtens auf die Pelle,
Aus den Tiefen wallend, die
Tropisch schwüle Hitzewelle?
Glaub mir, wenn auch anders, sie

Schwimmen dir nicht weg, die Felle:
'S wird sich bei Gelegenheit
Finden passender Geselle,
Wie du libidobefreit.

Wenn...

Solo zu sein, hat doch sicher was Gutes,
Wenn..., dann befürwortet sie absolut es.

Nachgereift

Abzulegen hat sie alles,
Ganz allein auf weiter Flur,
Wenn sie sich im Fall des Falles
Nach erfahrener Zäsur

Einer Trennung durchzuschlagen
Hat, so ohne Illusion,
Wie auch sonst nach Niederlagen
Oder Einsatz ohne Lohn.

Alles hat sie abzulegen,
Ganz zuvörderst wohl den Hang,
Wunschtraumphantasīen zu hegen,
Und das wohl ein Leben lang,

Wie auch sich zu überheben,
Überschätzung ihrer Kraft.
Abzulegen hat sie eben
Alles... — außer Rechenschaft.

Ausgeschlossen

Talent ist gut,
Wenn man was tut.

Und liegt es brach,
Wird jeder nach

Geraumer Zeit
Mit Bitterkeit

Geschlagen sein.

Drum sucht sie ein

Berufsumfeld,
Womit sie Geld

Verdienen kann
Mit Spaß daran,

Weil alles stimmt
Und man sie nimmt

So, wie sie ist.—
An Sprache mißt

Und Sprachgebrauch
Sie, ob es auch

Noch logisch und
Aus diesem Grund

Schon auszuschlie-
Szen ist, daß sie

Dem Job genügt,
Weil sich's nicht fügt.

Ein Spruch macht klar,
Daß offenbar

Die Tätigkeit
Mit Sicherheit

Und trotz Talent,
Das man erkennt,

Es nicht sein kann:
„Wer zahlt, schafft an."

Ungeschieden

Ungeschieden bis zum Tode
Ist jetzt lang schon aus der Mode.
Tritt es dennoch einmal ein,
Kann's nicht ungeschoren sein.

Wie ungerecht!

Ihr Gesicht vom dichten Schleier
Vor der Umwelt schwarz verhüllt,
Wohnt sie der Begräbnisfeier
Bei. Ihn manchmal lüftend, füllt
Sie manch' Taschentuch mit Tränen,
Sorgsam, daß ihr nichts verschmiert,
Tupfend, richtet ihre Strähnen,
Wasserstoffperoxidiert,
Frisch gebleicht, so daß sie passen
Zu der Haut gebleichtem Ton.
Hat sich das nicht nehmen lassen,
Ist sie doch die Hauptperson!
Nicht daß sie davon was wüßte,
Seine Witwe vorn am Grab!
Ihr, der wahren Witwe, müßte
Zusteh'n, daß man ihr sie gab,
All die wohlgemeinten Worte
Zu dem warmen Händedruck!
Sie war seine Sahnetorte,
Sein ihn köstlich labend' Schmuck,

Nicht etwa ein Sahneschnittchen,
Nebenbei sich mal gegönnt
Als Gespielin, nur sein Flittchen.
Ach, was sie erzählen könnt'!
Alle würden sie bedauern,
Statt der Frau da beizusteh'n.
Wär' das schön, ihn zu betrauern:
Statt hier hinten ungeseh'n
Vorn, wie's ihr hätt' zugestanden!
Nein, wie ist das ungerecht!
Niemand weiß von ihren Banden:
Ja, auch deshalb geht's ihr schlecht.

Ganze Arbeit

Kurz bevor die Glut erlischt,
Hat es sie nochmal erwischt,

Ward ein Flämmchen neu entfacht.
Und der, dem es zugedacht,

Wird zum Hengst ihr, denn er tritt
Aus und ihre Glut gleich mit.

Metamorphose I

Ausgelassen, quietschfidel,
Und nichts kann ihr Hochgefühl trüben,
Endet's, schlägt das ganze fehl,
In Niedergeschlagenheitsschüben.

Besiegelt

Hab' dich in mein Herz geschlossen,
Habe jeden Augenblick,
Den du mir geschenkt, genossen.
Doch — so will es mein Geschick —

Bleibt dein Herz für mich verriegelt.
Trauer brennt sich ein in meins.
Und so ist mein Los besiegelt:
Glück beschieden ist mir keins.

Auch so kann's gehen

Kaum hat er sie angeblickt
Und mit einem Lächeln
Ihr verhalten zugenickt,
Fängt sie an zu hecheln.

Röte schießt ihr ins Gesicht,
Weit sind die Pupillen.
‚Hoffentlich bemerkt er's nicht!'
Denkt sie sich im stillen.

Doch nun weht sein Duft sie an,
Schmeichelt ihrer Nase.
Ehe sie's verhindern kann,
Fällt sie in Ekstase.

Den Schuh zieht er sich nicht an,
Macht sich aber Sorgen.

„Ist ein Arzt hier?" — „Ja, mein Mann!" —
„Kann ich mir den borgen?"

Kurzerhand wird sie geschnappt
Und hinausgetragen.
„Gott sei Dank hat das geklappt!"
Hört man ihn noch sagen.

Nie mehr hat sie sich erholt,
Lebt jetzt in der Anstalt,
Wo man, wenn sie wieder johlt,
Schreit und quietscht, sie anschnallt.

Metamorphose II

Automatisch sympathisch und erotisch exotisch —
Problematisch emphatisch bis erratisch-neurotisch.

Überfordert

„Eva, wo bist du?!" schreit's drunten auf Erden.
„Was soll nach allem denn nun aus mir werden?
Bist du nicht zuständig plötzlich?! Ich drehe
Doch schon am Rad, Eva, hilf mir doch, wehe!" —
„Laß mich, das geht mir zu weit, Mamma mia!"
Ruft es gen Erde. „Geh, frag doch Maria!"

Im Nu

Schutzlos, dem Umfeld entglitten… Im Nu
Schnürt ein Psychiater die Zwangsjacke zu.

Amor und Psyche

Amor schießt dir seinen Pfeil
Mitten rein ins Herz, und dann
Überläßt er dir den Teil,
Dem man nicht entrinnen kann:

Denn ein Serum träufelt ein,
Wird dir in dein Hirn gepumpt,
Setzt dich unter Rausch, bis dein
Denksystem total verklumpt.

Fortan redest du nur wirr,
Nerven zucken auf, und du
Glaubst, du schwebst,
           dein Blick wird irr...
Denn das Serum dröhnt dich zu.

Faune stöhnen, Feën schrei'n,
Rufen Psyche auf den Plan.
Kann sie dich noch retten? Nein.
Du erliegst dem Liebeswahn.

***

ER

Volldampf voraus

In die Sauna wird er gehen,
Um sich dort mal umzusehen,

Ob nicht dort ein Weibchen sitzt,
Das entspannt ein bißchen schwitzt.

Sollte es ihm dann gefallen,
Wird er sich das Weibchen krallen,

Flirten bis zum Anschlag und,
Wenn es gut geht, auf den Mund

Es mit Leidenschaft dann küssen —
Dafür wird er schlau sein müssen:

Ist er nur genug gewitzt,
Hat er ihm den Kuß stibitzt.

Fortan nennt er es die seine,
Überzeugt es, daß es keine

Sauna mehr zum Schwitzen braucht:
Er muß zuseh'n, daß es raucht,

Dampft vielmehr — Physikprozessen
Unverschmutzt ihm angemessen;

Daß sein Motor kräftig stampft,
Braucht's, daß dessen Antrieb dampft,

Kurz — weil er sonst liegen bliebe:
Schwitzgelegenheit macht Liebe.

Jedoch

Angespitzt, ist er geflitzt.
Denkt verschmitzt, es sei geritzt.

Überhitzt und sehr verschwitzt,
Ist er freilich abgeblitzt.

Morgentoilette

‚Mein Haupthaar wird lichter, die Stirne wird breit,
Durch weiß-graue Zwirne es schimmert
Mal rosa, mal rot: je nach Ja-ahreszeit.
Ich fürchte, es hat sich verschlimmert.
Ich fürchte, es hat sich verschlimmert.

Schon zieht eine Schneise sich wellig bekränzt,
Wo vormals der Scheitel verlief,
Die wie ein gewachstes Popö-öchen glänzt.
Ich war doch mal so attraktiv!
Ich war doch mal so attraktiv!'

Break: (*Bläser entlang den letzten zwei Zeilen*)

‚Was hab' ich nicht alles fürs Wachstum getan,
Was hab' ich nicht alles probiert:
Mit Koffeïnshampoo gewa-aschen, Tran
Und Öle und Wichse verschmiert,
Ja, Öle und Wichse verschmiert!'

Zwischenspiel: (*Klarinette entlang ganzer Strophe*)

‚Doch nichts konnte bremsen, ihn aufhalten gar,
Den Haarverlust, der mir beschieden.
Was gäbe ich für mein einst vo-olles Haar!
Wie soll ich's ertragen, ja: wie denn?!
Wie soll ich's ertragen, ja: wie denn?!'

<u>Zwischenspiel</u>: (*Geigen entlang ganzer Strophe*)

‚Ein Käppi zur Tarnung setz' ich manchmal auf,
Im Winter 'ne Mütze aus Wolle.
Es fehlte noch, daß ich mir Hü-üte kauf',
Tribut dem Verlust auch noch zolle,
Tribut dem Verlust auch noch zolle!'

Chor: Gedankenverloren rasiert er das Kinn
       Und kommt zu dem Schluß einmal mehr:
‚Ich muß mich halt nehmen, so wi-ie ich bin...
Auch ohne Haar bin ich doch wer!
Auch ohne Haar bin ich doch wer!'

Noch Fragen?!

Männlichkeit verleih' es,
Glatze zu tragen,
Heißt es; sexy sei es:
Gibt es noch Fragen?!

Vorbild

Kojak war — sogar mit Lolly —
Heißbegehrt, mein lieber Scholli!

Ein Mägdlein lag weinend

Ein Mägdlein lag weinend im Bette;
Es weinte gar bi-itterlich.
„Ach, wenn er doch li-ieb mich hätte!"
So schrie es und wä-älzte sich.

Das hörte der Prinz aus der Ferne
Und eilte, ihm bei-izusteh'n,
Vergaß aber seine Laterne:
Mit ihr hätt' er me-ehr geseh'n.

So irrte er blind wie ein Maulwurf
Und — trotz den gespi-itzten Ohr'n
Bei ihm und beim bra-aven Gaul — durf-
Te einseh'n: er wa-ar verlor'n.

Auch hörte er nicht mehr das Greinen
Und Klagen der ho-olden Maid,
Ihr Wehgeschrei nicht, nicht ihr Weinen,
Des Mägdeleins He-erzeleid.

‚Wie schade', dacht' er noch, ‚ich hätte
Es gar zu gern trö-östen woll'n.
Ich läge bei i-ihr im Bettê___...‘
rit.
Doch das hatte ni-icht sein soll'n.
a tempo

Ob seiner Träume

Ob seiner Träume Verkommenheit
Fühlt er nicht selten Beklommenheit.

Ode an den Freud

Der D-Zug fährt los mit Getute
Und schlängelt sich auf seiner Route
Durch saftige Wiesen in Tälern,
Die mehr und mehr Felswände schmälern,
Bis eine sich quer zu den Schienen
Erhebt und massiv den alpinen
Charakter der Gegend vermuten
Läßt. Wieder erschallet das Tuten,
Doch dieses Mal viel vehementer
Und schriller... Das Bergmassiv kennt er,
Der Zugführer, oder? Er steuert
Drauf zu! Ja, ist der denn bescheuert?!
Kein Tunnel in Sicht, ja, geschweige
Denn irgendein Licht, das sich zeige
Am Ende desselben...— Der Schrecken
Sitzt tief, auch noch lang nach dem Wecken.

Reeperbahn

Lustvoll posen nackte Weiber,
Locken lüstern hinter Glas
Und verbiegen ihre Leiber,
Deuten an, sich selbst zum Fraß

Vorzuwerfen jedem Freier,
Fokussiert auf seinen Spaß.
Wär'n da nicht die Rotlichtgeier:
Köstlichkeiten kosten was...

Ja!

Eine um die andre Motte
Flattert um sein lichtes Haar,
Folgt ihm blindlings in die Kotte,
Abgeschleppt aus einer Bar.

Errungenschaft

Die Brüste wie Bällchen so prall,
Von Hand geformt mit Silikon,
Eroberten ihn Knall auf Fall.
So hievte er sie auf den Thron,

So daß er sie hochexklusiv
Betrachten hat können fortan:
Trophäengleich, ostentativ
Ihn preisend als fähigen Mann.

Elegie des süßen Pos

In Verlängerung des Rückens
Sitzt ein kleiner süßer Po.
Überdrüssig des Berückens,
Eingezwängt in engste Ho-

Sen, wird er sich künftig schützen,
Frei umwedelt von des Kleids
Weichem Tuch:
　　　　　wird ihm nichts nützen —
Mit dem Süßsein ist's ein Leids!

#me neither nor

Mägdelein muß man verhätscheln,
Ihnen auf den Ausschnitt schielen,
Gern mal auf den Hintern tätscheln,
Meinen die betont virilen

Kerlchen, die es sich erlauben
Selbstgefällig, frech und offen,
Weil sie an sich selber glauben
Oder wenigstens drauf hoffen,

Daß man ihre Offensive
Gar als Charme und Verve preise
Mit der sich'ren Perspektive
Auf Erfolg erob'rungsweise.

Überraschung: es gibt Frauen,
Die in diese Kerbe hauen

Und das Vorurteil bedienen!
Und die andren gönnen's ihnen.

Missverständnis

Daß ein Mann die Frau verstehe,
Ihr nicht auf die Nerven gehe

Mit den Besserwissereien,
Weil sie ja viel besser seien

Ob gereifterer Erkenntnis,
Ist im Kern ein Missverständnis.

Gelehrig

Jäger, gejagt von der Beute:
So stellt es sich für ihn da.
So und nur so ist das heute:
Das wird ihm zunehmend klar.

Tanzstunde
(Tanzlehrer Stepke in der Abendschule)

Heute tanzen wir den Schieber,
Schieben wir die Mordskaliber.

Achten Sie auf ihren Schwerpunkt,
Daß der Boden nicht zu sehr funkt!

Wenn Sie sich mit Schwung bewegen
Und sich in die Kurve legen,
Um die eig'ne Achse drehen,
Wird ein Drehmoment entstehen,
Dem Sie Herr sein werden müssen,
Denn sonst wird sie fortgerissen,
Einer Bombe gleich geschossen
Gegen ihre Artgenossen.

Und wenn Sie den Damenrücken
Bei der Drehung zu sehr drücken,
Kriegt die Dame blaue Flecken,
Und das wird ihr gar nicht schmecken.

Diese darf ja nicht mal spüren,
Daß es Sie sind, die sie führen,

Meine Herren — wie im Leben,
Und der Rest wird sich ergeben.

Führung ist das Essentielle,
Lernt sich nicht so auf die Schnelle.
Drum versuchen wir es lieber
Erst einmal bei einem Schieber.

Dann verschieben wir den Rahmen,
Üben dann, an leicht'ren Damen
Ihren Schwerpunkt neu zu loten,
Werden — das ist dann geboten,
Um ihn richtig anzupeilen —
An der Feinabstimmung feilen.

Erst wenn's glückt, sich anzupassen,
Kann man's wagen, zuzulassen,
Daß Sie sich die Dame wählen,
Weil Sie diese dann nicht quälen.
Und am Ende wird's gelingen,
Daß Sie sie zum Schweben bringen.

Tanztruppenübung
(Tanzlehrer Stepkes Lehrauftrag)

Heute üben wir den Schieber,
Schieben wir die Mordskaliber.
Brust raus, Kopf weit in den Nacken,
Schlagt zusammen eure Hacken,
Hände an die Hosennähte,
Meine Herrn! — An die Geräte!

Abgeblitzt

„Hör zu, ich kann nicht tanzen.
Hör auf, mich anzuwanzen!"
Er hört es mit Bedauern.
‚Dann soll sie halt versauern!'

Augenschaden

Schaden nahmen seine Augen:
Hat nach Frauen, die ihm taugen,

Wohl zu oft und lang geschielt.
Wie das Leben halt so spielt...

#you wish

Samten zart und leicht zerbrechlich,
Weich sich schmiegend an ihn dran:
Das sei weiblich, und tatsächlich
Träumt davon doch jeder Mann!

Subdomina

Mangels Latex oder Leder
Greift sie höchstens mal zur Feder-
Boa, schlingt sie um den Nacken,
Heißt ihn, dorten zuzupacken,
Nicht im Fleisch, dem muskulösen;
Weist ihn an mit kapriziösen

Gesten, ohne forsches Drängen
Oder Strafen zu verhängen,

Und verwahrt sich gegen Klapse,
Gegen Strapazier'n der Strapse...

Wer sich ihr nicht widersetzet
Und nicht ihre Scham verletzet,

Ist willkommen, wann auch immer,
Beim ergeb'nen Frauenzimmer.

Hingerissen

Ach, wie ist er hingerissen,
    Ach, wie fasziniert,
Wie sie nicht hat angebissen
    Und so raffiniert

Sich aus seinem Arm geschlängelt,
    Sich von ihm befreit,
Sich zum Ausgang durchgedrängelt,
    Daß er sie geleit'.

Denn das war der Sinn des Spieles,
    Das ihr ja so liegt:
Vorzugeben, ihr mißfiel' es;
    Daß er sie nicht kriegt,

Nur damit er ihr auch folge,
    Bis sie ihm gehör'.
‚Heute ist es wirklich toll ge-
    Laufen. Dieses Gör!'

con zoom

Pflückst du nur die schönsten Blumen,
Daß die Wirkung Anseh'n stifte,
Säume nicht hineinzuzoomen:
Just die schönsten bergen Gifte.

Alarm

Ihn hat's erwischt!
In flagranti ertappt hat sich er:
Schäumende Gischt
Wird von Wogen geschwappt übers Wehr.

Klarsicht geht flöten,
Denn im Nebel stößt jeder sein Horn,
Schluckt seine Kröten
Und pickt blindlings ein jeder sein Korn,

Dämpft sie ihr Gackern
Und erdrosselt sein Kikeriki.
‚Macker zu Knackern'
Heißt ihr Motto: ihr Blick verrät sie.

Heul doch!

Wie war es schön, als einst ihn noch
Sirenen konnten locken!
Nach seinem Hörsturz pfeift's jedoch:
Es lohnt nicht anzudocken.

Pfiffig

„Mein Ohr hat gepfiffen:
Es denkt wer an mich.
Da hab' ich's begriffen:
Um sie handelt's sich.

Nur sie kann so pfeifen,
So falsch und so schief,
Läßt Töne so schleifen,
Daß es nur so trieft.

Da griff ich zum Handy
Und rief sie gleich an:
„Hallo, hier ist Dandy.
Wart, bleib bitte dran!"

Ich blies durch die Finger,
So fest es nur ging.
Hey, das war der Bringer!
Hey, das war ein Ding!

Da schrie sie vor Schmerzen,
Rief: „Laß das doch sein!
Willst du dir's verscherzen?!"
Da hängte ich ein.

Die wird's nie mehr wagen,
Mein Ohr zu beehr'n.
Das muß ich schon sagen:
Ich weiß mich zu wehr'n!"

Erste Schritte

Er ringt sich durch und macht sich auf
    Zu einem Club, wo sich tummeln
Statt Mädchen Single-Frau'n zuhauf,
    Drauf angewiesen zu schummeln.

Er weiß, die Busen sind gestützt,
    Wo sie doch eigentlich hängen.
Daß, sie zu straffen, nichts mehr nützt,
    Muß er ganz einfach verdrängen.

Die Paste, ins Gesicht geschmiert,
    Kann ihre Falten nur tarnen.
Wo einst von Grübchen noch geziert,
    Kann eine Furche ihn warnen.

Denn je nachdem, wie sie sich zieht,
    Spricht jede Furche ja Bände,
Wie er's ja auch im Spiegel sieht,
    Und sei's beim Waschen der Hände.

All so gewappnet, zeigt er sich
    Offen für jede der Frauen,
Sofern sie — selber leserlich —
    Nicht scheuen, ihn anzuschauen.

So läßt er ab von seiner Scham,
    Davon, sich seiner zu schämen.
Und was er sich sonst übelnahm,
    Hört nunmehr auf, ihn zu lähmen.

Genauso wie vom äuß'ren Schein
   Fängt er an, sich zu befreien
Von dem, was ihn dünkt, schwach zu sein,
   Wie von den Selbstzweiflereien.

So strahlt er ganz aus sich heraus,
   Kann sich vor Frauen kaum retten.
So wird ein schöner Abend draus.
   Single: der? Nicht mehr lang! Wetten?

In Habacht

   Er, am Zweiertisch platzieret,
   So, wie er's hat vorbestellt,
   Wartend aus dem Fenster stieret,
   Bis sie sich dazugesellt.

   Läßt sie ihn mal wieder warten:
   So, daß es auch jeder seh' —
   Ihn, der's haßt, sich in die Karten
   Schau'n zu lassen: das tut weh.

   Er war pünktlich: Ehrensache!
   Zeugt es nicht von Stil zumal?
   'S dünkt ihn, daß sie sich draus mache
   Nichts. Das freilich wär' fatal.

   Willens ist er, noch im guten,
   So sie reuig sich denn zeigt,
   Sich noch einmal zuzumuten,
   Ihr geduldig zugeneigt,

Sie von Grund auf zu belehren,
Wie ihr Tun zusammenhängt
Mit Respekt vor ihm, wie ehren-
Rührig es doch ist, gezwängt

In die defensive Rolle,
Die nun mal nicht zu ihm paßt,
Dazusitzen. Ob sie wolle,
Wird er fragen zum Kontrast,

Daß man ihn als Mann bedauert,
Mitleid ihm entgegenschlägt,
Wenn er hier am Fenster kauert,
Tapfer es mit Fassung trägt,

Daß die holde Herzensdame
Seinen Stolz mit Füßen tritt,
Ohne jede Rücksichtnahme
Dominant sich zeigt — igitt!

So ihr ins Gewissen reden:
Das zumal nimmt er sich vor.
Nur nicht hier, ja nicht für jeden
Sichtbar als verletzter Tor!

Also schüttelt er's fürs erste
Ab und wehrt der Kellnerin.
Der zu wehren, ist das Schwerste,
Dieser Wichtigtuërin.

Schließlich hat sein Arg ein Ende,
Denn sein Date kommt reingeweht,
Hat ihm — ewig gleiche Wende! —
Einmal mehr den Kopf verdreht.

Haken

Am Haken das Fischlein, es zappelt
Am listigen Angelgerät.
Bevor's aber in ihm gerappelt,
Auch schon in der Pfanne es brät.

Auf dem Kongreß

Kann's denn nicht enden so, wie es begonnen?
Wenn's nur bergab geht, ist gar nichts gewonnen.
Im Alter, so sagt man, wird jeder zum Kinde.
Und was ist davor, späte Jugend? Ich finde,
Rein gentechnisch müßte man sie nochmal einbau'n,
Damit die Verluste nachher nicht so reinhau'n.
Wäre das nicht als Entwicklung ein Segen:
Rückpubertierend der Kindheit entgegen —
Natürlich mit jugendlich tobenden Säften
Und allen der Jugend beschiedenen Kräften,
Doch lebenserfahren und nicht gar so peinlich
Sich selbst überschätzend:
                                das ist höchstwahrscheinlich
Eins der Probleme, die schwer sind zu knacken...
Wenn wir es wollen, dann können wir's packen!

Unter erschwerten Bedingungen

Ist er in der Lage,
Nach so vielen Jahren
Ohne jede Klage
Sich erneut zu paaren:

Sich erneut zu stellen,
Einzureihen zwischen
All die Junggesellen,
Um erneut zu fischen

In den seichten Becken
Mit althergebrachten
Ködern; sich zu recken,
Nach 'ner Frau zu trachten,

Der sich stellt die Frage,
Warum sie von allen
Auf die alten Tage
Sollte ihm gefallen,

Ob sie nicht ersetzlich,
Austauschbar dann wäre,
Wenn sie — zu verletzlich —
Seine Zweifel nähre;

Ob er sie persönlich
Wirklich wahrhaft wolle,
Sie als ungewöhnlich
Wahrnehm', ihr denn zolle

Den Respekt, der ihr ge-
Bührt... Im Ernst: kann er denn
Hoffen, daß es hier ge-
Lingt, ein Paar zu werden?

Wie weiland

Wie weiland im Fieber der Jugend
Das Herzelein raset und klopft
Verzückt, kurz entrückt seiner Tugend,
Wie weiland so ganz unverkopft.

Ein Schmetterling flattert im Magen
Und schwirrend die Sinne betäubt.
Nun bald wird, vom Pelz übertragen,
Wie weiland der Stempel bestäubt.

Überraschung

Das war höchste Eisenbahn,
Das war kurz vor Ladenschluß!
Spie ja doch noch, der Vulkan,
Lava aus im Überfluß!

Anmoderation

Spatzen von den Dächern pfeifen's,
Jenes Lied, das er als Ohr-
Wurm nicht los wird. Sie begreifen's
Schneller, greifen jenem vor.

Amors Pfeile treffen dich

1. Hast es alles längst hinter dir.
   Tam-tam, tam-tam...
   Glaubst es wirklich und steckst es ihr.
   Tam-tam, tam-tam...

<u>Chorus</u>: Amors Pfeile treffen dich,
   Da hilft dir dein dich Wi-inden nich'.
   War auch alles längst vorbei:
   Du verliebst dich neu.

2. Plötzlich bist du ihr zugetan.
   Tam-tam, tam-tam...
   Schon fängt alles von vorne an.
   Tam-tam, tam-tam...

<u>Chorus</u>: Amors Pfeile treffen dich,...

3. Frage nicht, warum's dich befällt,
   Tam-tam, tam-tam...,
   Amor dich um dein Koma prellt!
   Tam-tam, tam-tam...

<u>Chorus</u>: Amors Pfeile treffen dich,...

<u>Chorus</u>: Amors Pfeile treffen di-i-ich,
   Da hilft dir dein dich,
         dein dich Winden nich'.
   War auch alles, alles längst vorbei-i-i:
   Du verliebst dich neu.

Ohne Anstalten

Von den Nachbarn ward gemel-
Det, er sei wohl nicht ganz hell.

Gleich hat man ihn eingesam-
Melt. Er, artig wie ein Lamm,

Ließ sich in die Anstalt fahr'n,
Wo sie durchaus höflich war'n,

Denn sie hörten ihm gern zu:
Was er fühle, wenn er's tu',

Ganz egal, was es denn sei,
Stehe ihm zu äußern frei.

Man befand, ein Mann wie er,
Gänzlich ohne Gegenwehr,

Müsse, ihm zum Schutz ja schon,
In Gewahrsam kommen. Von

Da an galt er als gefähr-
Det und wurde stationär

Aufgenommen, wo man seit-
Her ihn weiß in Sicherheit.

Und die Nachbarn waren froh,
Daß er sich, so gänzlich oh-

Ne sich anzustell'n, in die
Obhut gab der Psychiatrie.

Was man so hört

Da gab es mal einen Poëten:
Sein Aufstieg glich einem Kometen.
Man sagt, er war — am Gros gemessen —
Von Rhythmik und Reimen besessen.

Doch nicht nur von ihnen: die Frauen,
Statt sie nur im Dichten zu schauen,
Sei'n Grund für sein tiefes Empfinden
Nicht nur, sondern für sein Verschwinden.

Sein Name klang irgendwie komisch:
So altbacken, fast schon ironisch...—
Was soll's?
　　　Er wird — nichts spricht dagegen —
Sein Frauen-Rausch-Image wo pflegen.

*

Vorspann

Vom Festland bis zur kleinsten Insel
Verstummt das leidige Gewinsel,

Da auf die Bühne tritt ein Mannsbild,
Gebildet zwar und dennoch ganz wild

Geworden ob der Liebesbande,
Die zu verwinden außer Stande

Er sich erleben und ertragen
Hat müssen, war's doch sein Versagen,

Daß sie nicht nur nicht hat gehalten,
Weil die Gefühle halt erkalten,

Nein: daß er ihr schlicht nicht gewachsen
Gewesen ist mit seiner laxen,

Betont entspannten Art, die er, um
Sich zu erholen, mit dem Serum,

Das er, von seinem Arzt empfohlen,
Sich selbst verabreicht hat — verstohlen

In immer größerer Dosierung —,
Herbeigeführt hat. Die Sedierung

Hat Liebesfähigkeit beseitigt
Und Nebenwirkungen gezeitigt,

Die in Kontrollverlust gemündet
Sind, der den Jähzorn hat begründet,

In dem der Mann die Tat begangen,
Für die man ihn dann nicht belangen

Hat können wie gewohnt im Lichte
Der Serumjunkie-Vorgeschichte.

So ist er schuldlos am Ermorden
Der Liebsten eingeliefert worden.

Es geht ihm gut; er ist behütet,
Auch wenn er hie und da mal wütet.

Dem Publikum wird Trost gespendet,
Denn selbst ein solches Schicksal endet

Im Guten, komme was da wolle.

Und die Figur in ihrer Rolle

Des Justus ist — als Trost empfunden —
Mit deren Namen stets verbunden.

Es geht ein Spruch im ganzen Land um:
„De Iusto non est desperandum."

DORA PAN

DE IUSTO

Drama in einem Akt

S^M R

Prolog

Im folgenden gibt es pro Zeile der
                  Hebungen sechs an der Zahl,
Gereimt — das versteht sich von selbst! — bis zum
                  Schluß. Es ist phänomenal,
Wie einem Theaterstück eigene
                  Ebenen (von der Regie-
Anweisung für Schauspieler, Bühnenbild
                  übergangslos, sogar flie-
Szend in das Geschehen des Dramas hin-
                  ein, das sich im Monolog
Entfaltet in einem Akt) völlig na-
                  türlich sich fügen, ein Sog
Allein durch die Metrik, den Rhythmus er-
                  zeugend, entsteht, der den Le-
Ser förmlich hineinzieht ins Drama! Das
                  jedenfalls ist die Idee
Dahinter, die ich Dora Pan in den
                  Mund lege, als die ich hier
Bewußt den Prolog schreibe, ehe ich
                  irgendwie werde zu ihr...
Nun wünscht allen Lesern viel Spaß beim Ver-
                  sinken in des Mannes Wahn,
Der Justus heißt, sie, die Dramatike-
                  rin, das Genie

                  Dora Pan.

De egonibus

Diversas egones habemus.
Hic unam earum in rostris
Nunc capere verbum iuvemus,
Ut servet ab alteris nostris

Egonibus nos! Nunc legamus,
Quod scripsit pro nobis! Eamus!

Unsanfter Übergang

Jäh aus dem Alltag gerissen,
In einen andren geschmissen,

Um nicht zu sagen: gepurzelt,
Zeitlich und sprachlich entwurzelt,

Existenziell eine Lüge,
In dem Gefühl, sie betrüge

Sich, da im Innern gespalten
Oder zum besten gehalten

Durch einer Schöpferin Possen,
Macht sich die Seele entschlossen

Auf, einer vagen Bestimmung
Folgend, und kommt zur Besinnung.

Vorwort

Vorab

Vorab stellt sich immer die Frage,
Warum glaubt man sich in der Lage,

Ein Thema, wie's viele schon taten
Der hochrangigsten Literaten,

Auf lesenswert kunstvolle Weise
Behandeln zu können und Kreise

Der Leserschaft so zu erschließen,
Daß ausreichend Einkünfte fließen.

Anstatt sich aus Furcht zu verweigern,
Mag's helfen, sich darein zu steigern,

Daß ohne die eig'nen Ergüsse
Die Dichtkunst selbst eingehen müsse.

Des Dichters Fluch

Wenn wer was dichtet schon aus Not
Und nicht alleine mehr nur faute

De mieux, weil sich kein andrer bot,
Ob von den Lebenden, ob tot,

Dann muß es sein, damit es wo
Geschrieben steht, was lichterloh

Dem Dichter auf der Seele brennt,
Kreuzhimmelherrgottsakrament!

Rat mal!

Oh, sieh nur, es klafft eine Lücke
Im Felde der Literatur!
Und wer schlägt mal wieder die Brücke
Und füllt jene dann mit Bravour?

Stichhaltiges Argument

Der eine läßt seine Figuren
Zum Ende hin erst sich vereinen,
Der andere nicht mal das, nur en-
D'morphinengeschüttelt, die seinen...

Vor Liebesbeziehungsgeschichten
In Reimen, da drücken sie sich,
Und das reicht natürlich mitnichten:
Sie lassen die Leser im Stich!

Die Weiterentwicklung zu schildern,
Zumal den dramatischen Knall,
Sie, wenn es denn geht, zu bebildern
Im fäulniszersetzten Verfall,

Bleibt zwangsläufig mir überlassen.
Es fehlt halt den andern der Mut,
Den ich bin gezwungen zu fassen,
Weil's außer mir sonst keiner tut.

Das Opfer muß ich also bringen,
Denn wer kann es besser als ich?

Vom Irrsinn der Liebe zu singen:
Da braucht's eine Irre wie mich.

Immer ich

Weil sonst keiner Dinge
             zu Ende durchdenkt,
Schon gar nicht sie anspricht,
             geschweige denn schreibt,
Bin's wieder mal ich. Nein,
             mir wird nichts geschenkt,
Weil's nottut und wieder
             an mir hängen bleibt.

Am Ziel

Jetzt bin ich so weit. Die Methode
Der Selbstsuggestion hat verfangen.
Im Vorwort scheint's gar nicht mal so de-
Platziert, dieses Ziel zu erlangen.

Dora Pan
im September 2018

Besetzung

Die Hauptfigur Justus soll nur
        Von einem, den ich hab' vor Augen,
Gespielt werden (dessen Statur
        Wird allerdings beinah nur taugen;

Da muß halt die Maske was tun):
        Den Schweighöfer würd' ich besetzen.
Die Nebenfigur spiele nun
        Der Zehrfeld: das würde schon fetzen.

Bühnenbild

Der Vorhang geht auf, und ein Zimmer
      Wird sichtbar gesäumt von Regalen
Voll Bücher, davor hängt ein dimmer-
      Bedienbarer Lüster mit Schalen,

Von Staub überzogen, drin Kerzen.
      Ein Stehpult steht links an der Rampe,
Zum Zuschauerraum halb gekehrt. Sen-
      Sation heischend, rechts von der Lampe,

Steh'n protzig, schräg hintereinander,
      Doch so, daß kein Platz wird verschenkt,
Zwei Säulen (korinthisch), und an der
      Rechts vorne ein Lichtkelch sich senkt.

Und eine Person auf der Bühne,
      Gekleidet im klassischen Dreiteiler,
Von starker Statur (bloß kein Hühne!),
      Sich lehnt an den vord'ren der
                zwei Pfeiler.

~~~

Vorüberlegung

Es weiß der Lateinspezialist,
      Was Lesart in Anwendung mache.
Der Auslegung Zuordnung ist
      Der Leserschaft eigene Sache.

Unter uns

Erlegen wär' beinah auch ich
    Der teuflisch eit'len Versuchung.
Doch zöge ich damit auf mich
    Der Leser Zorn und Verfluchung...

⌐ Regieanweisung I

Er deklamiert es, als droh'
    Er, betont vehement es:⌐

Motto

Nárratiọnés offeró
    Fínem ántecapiẹ́ntes.

Begründung

Denn hierunter ordnen sich ein,
    Nun folgend, alle Geschichten.
Drum möge man sorgfältig sein
    Beim Übersetzen. Es richten
Die unter der Hülle des Worts
    Verborgen liegenden Chancen
Den Blick auf des Aufbaus Proporz
    Und dann auf Inhaltsnuancen:
Mal so und mal anders ist dann
    Der Deutung freies Verfügen.
Mit Fleiß stellt' ich allem voran
    Des Lesers eig'nes Vergnügen.

⌐ ### Regieanweisung II

Es fällt ihm jetzt siedend heiß ein —
Es glaubt ihm womöglich sonst keiner —,
Daß auf seiner Homepage ja sei'n
Versuche von ihm: nicht nur einer!   ⌐

Nachweis

Auf www Punkt justus minus
Andrea minus pankratien
Slash nachweis slash spezilatinus
Steh'n Pseudolyriksagazien.

⌐ ### Regieanweisung III

Dieser Wortschöpfung nachsinnend,
krault seine Rechte die Weste,
Die so sicher umspannt den in
Schwarten gebetteten Bauch.
‚Das‘, denkt er unterm Kraulen, ‚das
war mit Verlaub doch das Beste,
Was ich jemals ersonnen hab'!
Darauf paßt ‚sagax‘ ja auch!‘   ⌐

⌐ ### Regieanweisung IV

Seine Augen sind weit aufgerissen der
Mund bleibt im Staunen erstarrt.
Leichtes Nicken setzt ein, und als Wissender
Wähnt er sich, in sich vernarrt. ⌐

Aus dem Effeff

Ach, auswendig kenne ich die
    Versuche, die ich hab' gebunkert.
Drum sag' ich sie auf, damit Sie
    Nicht glauben, ich hätte geflunkert:

Versuch I

Erzählungen lege ich vor,
    vorgreifend auf das Ende.

Versuch II

Erzählungen lege ich vor,
    vornehmend sich eine Wende.

Versuch III

Erzählungen biete ich dar,
    zum Ende hin vorher sich fangend.

Versuch IV

Erzählungen biete ich dar,
    die Grenze schon vorab erlangend.

Versuch V

Erzählungen biete ich an,
    Die Grenze vorwegnehmend, Mann!

⌐   **Regieanweisung V**

In Nachdenklichkeit jetzt versinkt er,
            Als plötzlich es blitzt in ihm auf.
(Mein Vorschlag: mit Liderschlag blinkt er;
            Umhergehend, stockt er im Lauf.)

Nun ganz in Erinnerung schwelgt er,
            Durchlebet Station um Station —
In Inbrunst ihr nachhängend, melkt er
            Den Zauber der Situation:

Von Traurigkeit ob des Verlustes
            Bis jubelndste Melancholie
(Mit Freude inmitten des Frustes);
            Dem Zauber der Glücksphantasie

Erlegen am Ende, so daß er
            In Leidenschaft schließlich vergeht:
So wird aus ihm jetzt der Verfasser
            Der Verse, wie nachfolgend steht:⌐

Klimax

Grad' unter der Decke im Wühlen begriffen,
                  Sich wälzend, verhakt,
Denkt er insgeheim, daß es ihm nach dem Kiffen
                  Erst richtig behagt:

Der Schwindel wird heftiger, ja: auf ein Maxi-
                  Mum ist er gebracht,

Und seligkeitstrunken sagt er sich: „Ich pack' sie,
Das wär' doch gelacht!"

Da greift er dem zarten Geschöpf um den Hals; rund
Zwei-, dreimal, mag sein,
Drückt er auf den Kehlkopf: sie würgt jedenfalls, und
Dann gibt sie sich drein.

Erschöpft läßt er ab und gibt sich ganz der Nachwir-
Kung hin und fragt wil-
Lig sie, ob er gut war und ob es entsprach ihr—...
„Du bist ja so still..."

⌐ Regieanweisung VI

Noch taumelnd nach diesem Erlebnis,
Kommt er nunmehr auf *die* Idee.
Zum Pult eilt er mit dem Ergebnis,
Daß stiftnagend er vor ihm steh'. ⌐

⌐ Regieanweisung VII und Bühnenbild

In seine Schreibhand diktiert er
Den folgenden Anzeigenspruch.
Dabei — trotz Pausen — verliert er
Den Faden doch nie.— Qualmgeruch,

Sich intensivierend derweil,
Soll einströmen während des Denken-
Zur-Schau-Stellens und dabei steil —
Um Aufmerksamkeit drauf zu lenken,

Gut sichtbar als Denkvorgangszeichen:
Die Technik wird's irgend-
wie richten...—
Als Wolke dem Haupte entweichen
Ein Rauch (wie in Comic-
Geschichten). ⌟

Annonce

Ist sie so hexametersüchtig
Wie ich, dann melde sie sich,
Indem sie, das Maß haltend, tüchtig
Gedichte schreibet an mich!

⌈ ## Regieanweisung VIII

Er steht, Haare raufend,
Wild gestikulierend,
Um die Säule laufend,
Lauthals deklamierend:⌟

Herkules-Aufgabe

Herkules, Sklave der Götter,
Dich ruf' ich nun an!
Weiß ich wohl um all die Spötter,
Weil ich dichten kann!

Nie werden sie es erjagen,
Die vom Spottverein,

Was es heißt, Rechnung zu tragen
        Dem Berufensein.

Hilf dem versklavten Poëten,
        Der ich steh' vor dir!
Hilf mir, die Reime zu kneten!
        Steig herab zu mir!

Groß ist die Aufgab', gigantisch,
        Die ich mir gestellt,
Rhythmen syntaktisch, semantisch,
        Geistdurchströmt erhellt,

Unverzagt weiterzuweben
        Ohne Unterlaß,
Bis sie sich leuchtend erheben,
        Wo *ich* sie verfass'!

Audi me, serve deorum!
        Rette deinen Sohn,
Filium Olympiorum:
        Heb ihn auf den Thron!

Regieanweisung IX

Da öffnet sich eins der Regale.—
        Die hinteren bieten sich an.—
Heraus tritt mit Blick hin zum Pfahle
        In schlohweißem Kittel ein Mann.

Die Spritze versteckt hinterm Rücken:
        Schon, während er nahet im Vorgang,

Holt er sie hervor, sie zu zücken.

       Dann holt er noch aus...— und...—

              Schluß.— Vorhang!⌋

Nachspann

Just kommt er aus der Psychiatrie
Geschlossenen Abteilung.
Wie hat er sich gefreut auf sie
Und sich gedacht: ‚Beeilung!'

Durch Gitterstäbe durchgelugt
Hat er, daß er sie sehe.
Denn zuzulassen nicht befugt
Sind Wärter, daß er gehe,

Auch wenn es nur mal kurz ist, so
Daß er es überschaue,
Ob sie nicht da sei, irgendwo.
Auf daß er nicht abhaue —

Und das an seinem letzten Tag!
So war es hier schon immer,
Es komme, was da kommen mag,
Und Ausnahmen gibt's nimmer.

Die Tür fällt hinter ihm ins Schloß.
Er blickt umher, zu finden
Die Frau, auf die er, sagt man, schoß,
Was er nie konnt' verwinden,

Weshalb man ihn ja eingesperrt,
Daß er die Tat bereue,
Nachdem sein Trauma unverzerrt
Von ihm begriffen. Neue

Und altbewährte Therapien,
Elektroschocks, Gespräche
War'n anberaumt speziell für ihn.
Daß er sie nicht abbräche,

Nur weil er nicht mehr interniert,
Versicherte er gerne.
Er war doch selbst dran int'ressiert,
Daß er sich kennenlerne.

Die Tat jedoch hat er verdrängt:
Soweit die Diagnose.
Und deshalb wurde ihm verhängt,
Auch künftig mit der Chose

Konfrontation zu üben. Denn
Das brächte dann die Heilung.
Und insgeheim sagt' er sich, wenn
Ihm wer nimmt die Verpeilung,

Dann doch wohl sie, der er vertraut!
Sie gibt ihm Halt wie keine.
So steht er vor der Tür und schaut,
Ob sie nicht noch erscheine.

Er ahnt nicht, weil man's so befand,
Was jeder Weitsicht spottet,
Daß sie längst — tot durch seine Hand —
Im Grabe ist verrottet.

*

Ende gut

De Iusto non est disputandum —
Gerüchte hin, Gerüchte her.
Gerüchte sind gerade dann dumm,
Wenn's ihnen fehlt am Wissen der

Am Herd der schlecht bestückten Küche
Postierten Köche, die gemein-
Sam Sorge tragen für Gerüche,
Als müßten die schon alles sein,

Vorab um die Verzierung streitend,
Um jede Zutat für's Gericht,
Es angereichert zubereitend,
Daß es gewinne an Gewicht,

Um auszugleichen, was ihm fehle
(Nur so zum Beispiel die Substanz,
Im Übertragenden: die Seele),
Denn dazu dient der Affentanz.—

Aus offiziellen Dichterkreisen
Verlautete aus erster Hand,
Daß Justus via Lesereisen
Zunächst die Chance auf Heilung fand,

Danach sich Dichterfreunde machte
Auch durch das Einpersonenstück,
Genas an dem, was er erdachte,
Und schließlich fand sein Lebensglück.

Alles gut

Aus der Anstalt einst entlassen
Und entkommen der Justiz,
Fing er an, sich anzupassen
An Verhältnisse im Kiez.

Keinem ist er aufgefallen
Als ein unheilbarer Fall,
War beliebt, weil nett zu allen:
Eins zu eins im Widerhall,

So, daß er es schließlich wagte,
Doch nochmal sich umzuschau'n,
Was man ihm strikt untersagte,
Nach beziehungsreifen Frau'n.

Endlich fand sich eine, die sich
Ihm total verschrieben hat.
Und da freute er sich riesig,
Wurde ihrer nimmer satt.

Und so laufen sie noch heute
Hand in Hand und Arm in Arm
So wie ganz normale Leute,
Gut getarnt im Menschenschwarm.

Den Behörden blieb's verborgen,
Er hielt nämlich tapfer dicht.
Und die Frage „Was wird morgen?"
Stellen sich die beiden nicht.

Und sie?

Auch sie weiß zu verstecken,
Beläßt es auch im Dunkel,
Gönnt's keinem, zu entdecken,
Was vorher war, Gemunkel

All so im Keim erstickend,
Wozu die Menschen neigen;
Den Hang zum Teufel schickend,
Verdammt sie sie zum Schweigen.

Zu zweit mit ihm und mitten
Im harmlos bunten Treiben,
Hat sich's nun ausgelitten,
Und so wird es auch bleiben.

Abschluß

Nun sind wir dem Tollhaus entsprungen,
Dem Tollhaus der Liebe, und sei's nur im Vers.
Das letzte Gedicht ist verklungen...
Das ganz große Glück: finde sie's, finde er's!

Nachwort

Eins noch

Als ausgewies'nen Ebenbildern
Des Prototypen-Paares,
Wes Nachfahr'n Schicksal wir zu schildern
Versuchten — Wahnwitz war es! —,

Ist es an uns, an welcher Stelle
Wir uns auch immer in der
Entwicklung wiederfinden — gelle? —
Als deren Kindeskinder,

Das beste draus zu machen, daß es
Ein gutes Beispiel gebe.
Und wer nicht willens ist, der lass' es!
Die Liebe: hoch sie lebe!

Inhalt

Hinweis

In diesem Verlag ebenfalls erschienen:

Sonja Maria Rathjen: Gereimtheiten
Gedichte und Lieder
Paperback, 88 Seiten
€ 12,80
ISBN 9-783-734-74420-4

Sonja Maria Rathjen: Alleingänge, Band I
Geschichten in zwei Bänden
Paperback, 76 Seiten
€ 7,80
ISBN 9-783-739-22017-8

Sonja Maria Rathjen: Alleingänge, Band II
Geschichten in zwei Bänden
Paperback, 128 Seiten
€ 9,80
ISBN 9-783-739-22678-1

Sonja Maria Rathjen: Ach, du meine Heimat!
Gedichte und Volksweisen
Paperback, 128 Seiten
€ 12,80
ISBN 9-783-741-20534-7

Sonja Maria Rathjen: Unkenrufe von hüben
Gedichte und Lieder
Paperback, 124 Seiten
€ 12,80
ISBN 9-783-743-19041-2